Les poètes font société

recueil collectif

Les poètes font société
(œuvre collective)

ISBN 978-2-9592216-2-0

© Editions Les Souffleurs de vers dépôt légal septembre 2024
Tous droits réservés – reproduction interdite

Impression : Libri Plureos GmbH, Friedensallee 273, 22763 Hamburg (Allemagne)

Demandez aux poètes de réécrire le monde et ils le réécriront.

Ensemble, *faire poème*, comme on fait société.

Ici, j'ai seulement déposé les quelques pierres fanées de nos palais en ruines. Eux, en ont fait des ponts qui se relient.

Merci.

Léa Cerveau, pour les Editions Les souffleurs de vers

Déambulant dans la rue, je regarde les gens défiler

Sans tapis rouge sous les pieds, les yeux rougis par la dureté

La vie de rêve n'existe pas, on est des millions dans ce cas-là

Suivant les pas de la société, en répondant à des schémas

Mais de nos jours le climat tremble, les certitudes sont fissurées,

Il n'y a plus de place pour les nuances, c'est l'apogée de l'extrémité

Une collision grandeur nature, tout est outrage et démesure

Au hit-parade, une assemblée où les mots glacent, laissent des brûlures

Et la chaleur qui se ressent apporte des sueurs et des douleurs

Le crépuscule d'un truc malsain vient de monter dans l'ascenseur

On est au bord du précipice, il serait temps d'ouvrir les yeux

On est de plus en plus nombreux à vouloir tenter le hors-piste

Les idéaux se sont brisés, la devanture ne fait plus rêver

Dans l'hexagone notre chère devise, dans un deux feuilles s'est faite fumée

Alors on zigzague en solo ou dans des groupes trop bien distincts

On souhaite l'élan républicain sans tendre la main à son voisin


**'La KPUCHE'**

# Hymne

Elle est pâle et basanée

Elle est brume et soleil

Mer et océan roc et sable ici et là-bas

Zouk de palmier et chêne chenu et rassis

Rock et DJ et rap et violon

Air de samba et java de rue

Elle chante l'hymne à l'amour de Djadja

Y'a pas moyen Milord c'est nous

Et le monde est chez nous

Enfant des cités et femme des marées

Huîtres ouvertes au Champagne

Couscous à l'harissa pour rompre le jeune

Horizon perdu des vagues infinies

Carrefour étroit des rues labyrinthes

Elle est blanche et noire

Jaune marron ocre grise

Porteuse des couleurs de la vie

Elle est une et multitude

Différente et unique

Et son histoire est notre porte-voix

Elle est notre France

Celle qui est mienne

Et dont mon vieux coeur toujours transpire d'espoir


**Jean-Pierre Paulhac**

## A VOTÉ

A nouveau nous nous retournerons vers nos
lendemains

En y cherchant l'appui d'un jour qui ne s'attend plus

Avec des sacs remplis d'heures à retenir

Jusqu'à ce que l'aube enfin

Se recouche sans pleurnicher

A VOTÉ

C'est ici que nos miracles en redemandent

Dans la fosse sceptique des bulletins publicitaires

Dehors des sirènes jouent la Marseillaise

En convoquant Peur Bleue

A VOTÉ

Je vois des fumées noires

Se tisser sur pneus crevés

Entre mots qui n'arrivent plus

A éclaircir les cieux sous lesquelles

Nous essayons de nous trouver

A VOTÉ

Je vois des allumeurs d'incendie

Déguisés en uniforme de pompiers

A VOTÉ

Je vois l'azur d'un ciel océanique

Se perdre dans mes yeux

Alors qu'hier devant

Avait déjà disparu

A VOTÉ

Et si nos rêves ne suffisent pas à éclore

Les germes d'une autre moisson

Si nos silhouettes ne s'alignent plus au bon moment


A nouveau nous nous retournerons vers nos lendemains

En y cherchant une ombre qui nous ressemble

Pour la semer sur nos semelles

Afin d'avertir encore demain


A VOTÉ


**Paul WAMO Taneisi**

## Changer le monde

On voudrait tous changer le monde, être fiers de l'humanité

Pour faire partie de cette ronde sans honte ni culpabilité

En symbiose avec la nature, en harmonie avec la vie

Plus de guerres, plus de dictatures, liberté, liberté chérie

Et que plus jamais ne reviennent les horreurs d'une histoire glaçante

Faire un avenir où la haine aurait une place insignifiante

Pour un monde meilleur sublimé par la culture, l'éducation

Pour plus d'Humain, d'égalité chez les prochaines générations

Dans nos écoles, dans nos maisons, il faudra leur dire dès l'enfance

Que la prochaine révolution, c'est l'amour et la bienveillance.


**Jérôme Sauveur**

## Le message des oiseaux

Ici, dans le chant des oiseaux

J'entends leurs voix gaz-OUILLE-r à l'UNI-SON.

Elles ne sonnent pas faux

Mais sont teintées d'un fris-SON.


De là-haut, ils nous voient aller mal,

Alors ils pi-Aïe

Et nous MUR-MUR-ent d'éviter la haine.

Avec leurs ailes, ils écrivent sur nos murs : «AIME»

Leur encre ? Notre boue d'en bas.

Ils n'en peuvent plus de nos abois

Dans ce monde de VERRE-ités

Alambiquées.

Ici, le cri des oiseaux

Est plus perçant

Que nos mots

En ces étranges MAUX-MENTS.

Je les entends piauler

Et nous rappeler

Qu'ici, on vit sur un bout de terre

Entouré de mer,

Où ses habitants s'AIME-nt depuis longtemps les graines

D'un vivre ensemble sans haine

En toute saison

Avec des sourires SAINS-cères made in RÉ-UNION.


**Nadine Lauret 'Nady, la Fée'**

**aux pages citoyens**

circulez y'a rien à voir

balayez-moi tout ça

notes futiles grinçantes

phrases inutiles trébuchantes

tableaux de mensonges

à quoi ça sert tout ça hein

rien que du temps perdu


taisez-vous

pas de sons pas de mots

ne parlons même pas des dessins

n'y pensez plus

et d'ailleurs

ne pensez plus

ou plutôt

ne pensez rien

qu'on ne vous dise de penser

c'est à peine

si vous avez le droit

de respirer

allez ouste

mots notes

dessins croquis

pensées

tous à la poubelle

et qu'on retrouve enfin

des pages pures et blanches

belles comme des plages

sans touristes ni parasols

et surtout vides

débarrassées des parasites

ces petits crabes venus d'on ne sait où

de derrière les mesures

et les points d'exclamation

armés de bécarres et de palettes

ou d'allégories les gueux

- mais la nuit

dans le noir

ils reviendront

les parasites

comme des rats affamés

des serpents à sonnettes

les sans-papiers les sans-pinceaux

les sans-notes les sans-mots

ils se glisseront dans vos rues

et pendant que vous dormirez

ils fouilleront dans vos poubelles

derrière vos murs et vos maisons

pour s'enfuir avec des trésors

de sens et de beauté

dont ils feront des étendards

de toutes les couleurs

armes de la victoire finale

sur la fatalité


aux pages citoyens

noircissez-les


**Luc Fayard**

## Être poète

Parce qu'il est possible de changer le plomb en or

Et que nous ne voulons plus vivre des années de plomb

Parce que le cirque des médias qui résonne dans nos têtes

Empêche nos rêves de vivre et nos vies de rêver

Parce que le vent tourne toujours


Et qu'un poète est un alchimiste qui accroche le verbe aux vents des révoltes


Parce qu'être poète aujourd'hui c'est s'engager


C'est prendre la parole à ceux qui l'enferment dans des salons privés

Pour la jeter à la rue et dans nos bouches dégoutées

Parce qu'être poète


C'est prendre la poésie en pleine gueule comme un pavé de liberté

C'est ne pas accepter que des marionnettistes tirent
sur nos fils

C'est rester debout quand tous s'inclinent

C'est tendre nos ailes rognées pour voler au-dessus
des clochers

C'est dire merde à ceux qui nous croient morts

C'est mordre ceux qui nous croient maîtres

C'est gueuler à la face des démocraties de papier
mâché

Que nos vies se chantent au-delà de leurs murs
d'acier

Parce qu'être poète aujourd'hui c'est résister


**Laurent BERTRAND 'Mr Zurg'**

## Rêve'solution, révolutions

Que tout le monde se mette debout nous sommes en
danger

De nouveau le fascisme est à nos portes faut rien
lâcher

Nous avons un avenir sans violence ni racisme à
construire

Réveillons-nous car c'est vraiment le moment de ne
pas fuir


Il faut du changement faut que ça bouge on est tous
insoumis

On veut un avenir d'un monde meilleur sans peur à
l'infini

Qu'est-ce que c'est que ces flics qui nous mettent des
barricades

On veut avancer pour la liberté sans contrainte ni
bousculade


C'est maintenant qu'on doit être main dans la main

Pour une meilleure vie et de beaux lendemains

Les mots notre seule défense pour crier notre colère

En manifestation ou sur scène on sera la nouvelle ère


La révolte est au rendez-vous c'est l'unique solution

Alors c'est pour cela qu'il faut faire la révolution

Le monde populaire de France est terriblement indigné

Que cette insurrection arrive enfin car on est déterminés !


Rebelle je le suis je fonce pour la paix mondiale

C'est ensemble qu'on y arrivera avec notre mental

Un Nouveau Front Populaire s'est formé

C'est pour eux qu'il faut voter.


**Sara Benani**

## Les arbres ne connaissent pas de frontières

Fallait-il se rassembler

Pour l'inventer cette invisible frontière

Qui s'immisce entre nous

Cette frontière qui fait redouter l'autre

Devenu étranger

Cette ligne de pierres

De ceux qui figent, le droit de vie, le droit du sang


Regarde, la brutalité de la bêtise qui écrase

Regarde, l'absurdité du permis de tuer


Nous sommes humains

Venus des instants vierges de la forêt

Nous sommes du peuple des arbres

L'écorce de nos peaux, nos branches offertes

L'ombragée, nichoirs dans le noir

Sans âge

Nous sommes le refuge dissimulé des pluies acides

Lovés sous la canopée

Les murs s'estompent

Toute haine disparue

Toi et moi, nous serons

Ce que nous sommes

La terre de demain


**Yves Altazin 'Yalta'**

**J'attends**

les mots ont disparu du bout de mes doigts

j'avance à reculons dans l'espace minuscule

les points dansent sur les i des vieilles histoires


je perds

la mémoire

la patience

l'appétit

le goût de la danse

le sens de la démesure

mes souvenirs d'enfance


je colère je trépigne

macère dans mes habitudes

debout au milieu du carrefour

je ferme les yeux

les mots clignotent sur le silence de mes carnets

je remplis le vide du temps passé à m'attendre

debout

au milieu du carrefour

je suis là

ne bouge pas

ne respire pas


j'attends


(je vais exploser)

je vais exploser


j'oublie

je descends les escaliers en courant

saute à pieds joints sur mon lit

traverse la rue en fermant les yeux

pousse des cris de joie


je crois que je crois que je suis en mouvement


et puis

immobile sur le cadran

j'étire les minutes au ralenti

j'écoute mon chagrin


je noircis les pages

pour ébouillanter mes humeurs

colle des petites étiquettes blanches

aux coins arrondis

sur mes morceaux disparus


j'attends

(je crie plus fort sur le papier)


**Stéphanie Cormier**

La mémoire accrochée au cou

j'étreins l'espoir

qui est de la même race

que mon rêve

voir l'humain au singulier

accepter sa propre odeur


l'autre est une glace

généreuse de deux possibilités

la manger la sueur sur la langue

ou s'y regarder la sueur perlant l'âme

l'autre est soi-même

plus chanceux de différence

à nous instruire sur la diversité


je veux porter ta différence

comme un pendentif

qui m'achète la chance et l'équilibre

laisse-moi marcher dans l'ombre de toi

sans te refuser la réciproque

et nous ferons d'heureux tricheurs

jusqu'à étouffer l'ignorance


**Eric Azanney**

**Mon gamin**


Mon gamin se cache dans le doute

A peur d'être rattrapé avant le soir

Il a couru comme un fou sur la route

S'évadant des camps de cauchemar


Mon gamin avance sans arrêt

Arrive aux portes du désert

Se dit combien ça coûterait

Si jamais je me perds


Mon gamin n'a plus sommeil

Il halète dans les rayons de sable

Souffre sous les grains de soleil

Se demande ce dont il est capable


Mon gamin rencontre une colonne humaine

Seul le bruit du vent dans les dunes trouble le silence

Ils l'ont obligé à tuer des gens il reviendra il a la haine

C'est ce qui le fait avancer et s'armer de patience

Mon gamin à dix ans rien ne le freine

4000 kms pieds nus sur les cailloux

Autour de lui pas de jardin d'éden

Juste les lamentations qu'il entend partout


Mon gamin ne veut pas être en lambeaux

Conseil du passeur qui lui dit  Accélère le pas

Sa mort rôde son épuisement se voit d'en haut

Mais il avance même si ses pieds saignent ici-bas


Mon gamin voit tout autour de lui

Ses semblables qui vont vers l'occident

Il ira vivre dans une ville sous la pluie

Il sera journaliste correspondant


Mon gamin embarque sur le bateau

C'est comme un chant funèbre en un seul râle

Il fait noir ils ont fermé la porte en haut

Il n'y a plus que gémissements à fond de cale

Mon gamin sent la soute se remplir d'eau
Il lève la tête cherche l'air à plein poumon
Il prie son Dieu le supplie lui dit C'est trop tôt
Avant ton paradis je dois finir ma mission

Quand les douaniers ont ouvert le placard
Ils ont découvert noyés ou étouffés des migrants
Des linges blancs recouvrent 49 brancards
Qui passent sous les yeux d'un enfant seul survivant

Un jour il a frappé par hasard à ma porte
J'ai ouvert à un enfant en larmes et affamé
Je me suis débattu pour qu'il s'en sorte
Mais on lui a refusé son statut de réfugié

Mon gamin j'ai fait ce que j'ai pu pour toi
Mais l'Europe t'a banni t'as renvoyé au pays
Tu ne sais pas lire écrire et compter toutes les fois
Où tu as recommencé ton voyage de survie

Tu es revenu inlassablement

Tes périples ont duré deux ans

Chaque fois je te reprenais par la main

Et chaque fois tu partais en larmes en me disant à
demain


Mon gamin mon fils adoptif tu me souris

Nous avons bravé administratifs et politiques

Je te regarde être merveilleusement en vie

Et ne m'en veux pas si j'ai le bonheur pudique


Je t'aime mon enfant mon fils mon amour

Nous deux main dans la main c'est pour toujours


**Stéphan Fabre**
**Spoken wor(l)d Le zèbre slam**

**La rage**

Indignés

Insurgés

Vous la sentez venir ?

Vous la sentez venir ?

Dans sa zone

Sens l'ozone !

Elle accompagne

Les éclairs

Le tonnerre ;

Aime la castagne.

La voilà

Elle veut m'envahir,

Elle est là !

Elle veut sortir !

La Rage !

La Rage !

La Liberté !

De quoi faire ?

L'Egalité !

Quel(le)s sœurs, frères ?

La fraternité !
De quelle société ?

La rage, la rage !

Noircir la page !

La rage

Pas d'âge

Comme bête en cage,

Se met en nage

La Rage, la rage !

Noircir la page !

La jeunesse

Te laisse

La vieillesse

T'abaisse

La Rage, La rage !

Noircir la page !

La rage

Pas sage

Comme être un barje

Qu'on fout en marge.

La Rage, La Rage !

Tourner la page !

**Alain de Belleville**

**La rose et le fumier**

Je sais que tu t'interroges.

Que tu cherches éperdument à comprendre,

Que ça t'empêche de te rassembler.

Je sais que c'est douloureux

Cette plaie impansable

Nichée au plus profond de ton âme.

Comment ai-je pu naître de ces deux êtres dénués de
toute honte,

Qui refusent résolument d'assumer la moindre
responsabilité du Monde ?

Hélas ! Je n'ai pas de réponse à t'apporter.

En revanche, je veux te dire ceci :

c'est sur le fumier qu'éclosent les plus belles roses.


**Ptib**

# Aimer son prochain

Il est comme moi

Partage les mêmes émois

Porte les mêmes fardeaux,

Mêmes souffrances, mêmes maux


Voilà pourquoi j'aime mon prochain

J'aime tout un chacun

J'ai confiance et me sens bien


A notre solitude,

Jamais il ne faut croire

Pour tous, la vie est rude

Exister ! Toute une histoire !


Voilà pourquoi j'aime mon prochain

J'aime tout un chacun

J'ai confiance et me sens bien


Ouvrir son cœur

Tendre la main

S'affranchir de ses peurs

C'est tout cela, être humain


Confiant, je me sens bien

J'aime mon prochain,

Ainsi que moi-même

Pour mieux aimer enfin,

Aimer tout un chacun


**Ismail Woolfenden**

# Je n'ai pas peur d'eux

J'entends

Des paroles incertaines

Confuses, enrobées de porcelaine

J'entends même

Les fleurs

Qui se fanent

Leurs odeurs

S'éteindre

Tandis que les ronces,

Elles flânent

Je sens

La peur qui monte

Ressens

Les angoisses et même la honte

Mais moi,

Je crois

Que je n'ai pas peur d'eux.

J'ai l'inquiétude des jours sans fin

La torpeur des petits matins abîmés

J'ai l'ennui des soirs sans lendemain

Le désarroi des cœurs qui déraillent

Et les battements de cils du monde qui s'enrayent

Mais,

Je crois

Que je n'ai pas peur d'eux.

Moi,

Je crains

Le vent quand il souffle

Quand il ne souffle pas aussi

Je crains

Le soleil quand il brûle

Quand il ne brûle pas aussi

Je crains

Les feuilles lorsqu'elles tombent des arbres

Et qu'on les piétine pour entendre le bruit de leur
nudité

Mais,

Je crois

Que je n'ai pas peur d'eux.

Moi,

J'ai peur comme les enfants

De l'orage

Du ciel qui gronde

De la pluie qui ne prévient pas

Des éclairs qui scintillent

D'une ombre qui passe à la fenêtre

Je crains

Les images incolores

Les photos jaunies par les souvenirs

De faire mal, de dire de travers

De trahir, de crever, de périr

De ne pas être celui que je suis

J'ai peur

Qu'un jour la mer recouvre mes châteaux

Que les étoiles subsistent tout là-haut

Mais que celles dans ma tête s'éteignent

Je crains

Que le temps efface mes traces dans le sable

Les tiennes aussi d'ailleurs…

Moi

J'ai peur

Du tumulte des vagues

Que mon père se perde dans l'une d'entre elles

Du flot incessant d'éphémères solitudes

De l'insolence des falaises

J'ai peur

Des barrières

Pas de celles que l'on jette

Celles comme des murailles

Infranchissables et inviolables

Je crains

Les tables bien garnies

Et les lustres dorées

Je crains

Les espoirs

Lorsqu'ils s'entassent dans la poussière

Lorsqu'ils recouvrent le marbre des cimetières

Je crains

La terre qui tourne

Ou qui ne tourne plus

Je ne sais même plus.

J'ai même peur parfois

Que Dieu ne me réponde pas…

Mais,

Je crois

Que je n'ai pas peur d'eux.

Je n'ai pas peur

D'eux.

Je crains seulement

Ton absence et tes poèmes

Des je t'aime qu'on ne dit plus

Des rêves infirmes qui se battent

Les uns contre les autres

Et des utopies qui restent de brouillon

Mais moi,

Je crois

Que je n'ai pas peur d'eux.

Je n'ai pas peur

D'eux.

**Maalik**

**Sororité**

le rire choit

dans ton mouchoir

sur la corne de tes yeux

des poussières sans lumière

tu cherches la lune sous ta langue

des morceaux de fiel entre les dents

des ombres en cage grillagent le jour

les montagnes ploient sous la colère

les corps sombres flottent dans l'encre grise

derrière la treille la cendre couve

le rire choit

dans ton mouchoir

la nuit sans fin encage ton souffle

des échardes dans ton regard

je suis dans ton mouchoir

accrochée à tes yeux


**marie cabreval**

**Violence**

La violence des mots, des coups, violence des images,

Celle des symboles, des cours d'école et des mirages,

Violence sociale ou familiale, intemporelle ou
structurelle,

Locale, internationale, virtuelle ou bien réelle….

Présente en chacun de nous, elle découle de nos peurs
chroniques,

Ou plutôt celles-ci la poussent à bout, l'exacerbent
dans la panique.

Car la violence reste à l'homme ce que l'homme est à
la vie,

Et on oublie bien vite qu'il en existe de positives !

Au lieu de la stigmatiser, sachons la canaliser,

Plutôt que de somatiser, tentons au moins d'analyser :

La violence exprimée dans un sens concret devient un
conflit

D'intérêt, la vie en société c'est négocier ses

compromis….

La violence constructive donc, c'est d'accepter en
nous le monstre,

Et le combattre sans en attendre autant de l'autre…

En soi, face à ce monstre, il y a un ange : soyez son
instrument.

Sa musique est divine, vous en serez son truchement.

**Thomas Lyor Ostier**

**Légiste Hâtif**

A ce terreau fertile

Infâme litanie

Répéter à l'envie

« Le diable est à vos portes »

Ce fil qui les emporte

A penser la folie

Et leurs peurs imbéciles.

L' « autre », bouc-émissaire,

D'où qu'il vienne, d'où qu'il sorte,

Qu'importe son bout de terre

C'est l'amer qui l'apporte

Et verse sur nos sorts

Un regard délétère.

Ce synopsis facile

Cache les vrais dangers.

Si les maux nous arrivent

Ils viennent de « l'étranger ».

L'Histoire s'en repait

Quand sur les champs elle livre

Ses morts sans regrets…

Et toujours repentant

L'étourdi dit « si j'avais su ! »

Et pleure sans retenue

Ses libertés chancelantes.

Demain sera le jour,

Une aube sans pareille,

Où nous compterons nos torts

De nous être oubliés

Et nul homme ne sera ailleurs

Mieux qu'à son « ici » …


**Fol Amor**

## Poème pour mes 55 ans

Seul dans la véranda derrière la maison

avec les moineaux qui piaillent,

j'ai emporté deux pommes

et mon bol de céréales

la cloche de l'église vient de sonner

deux coups sous le soleil

à mes pieds de vieilles baskets

pour les quelques pas d'usage

arrivé à l'âge où l'on vous laisse

gagner la cour de récréation,

j'écoute goutter sur la verrière

du linge pendu plus haut

**Eric Bernicot**

## Cosmonaute

Au puits des profondeurs

Je puise m'épuise

Je suis un cosmonaute des intérieurs

Mon scaphandre est bulle de cristal

Cernée de filaments sous tension

Je suis un charbon incandescent

Une goutte de lave rouge vif

Mon mental est ébullition

Éperdu en perdition

Mes yeux cavés excavation

Mes yeux crevés extraction

Je suis confusion

Je m'extrais des lignes du temps

Ma fusion est lente

Je gravirai

Un à un chaque degré

Mon périple sera long

Mais je poursuivrai

Je suis un cosmonaute

Aux mondes insoupçonnés

Proche de l'échelle des anges

De mon casque chauffé à blanc

Du rose diffus fuse

Un avant-goût de paradis

Dans le silence sourd

Des grands effondrements

J'avancerai patiemment

Un jour

De charbon je serai diamant

De mon éclat brillera la lumière


**Geneviève Guevara**

**La vague**

T'sais j'ai

couru sur les vagues

marché sur l'écume

piétiné les embruns

embrassé la houle

T'sais, on s'bute

on s'butine des ondes full face

souvent sans décodeur

Ça capte

pas

toujours.

Sais-tu comment arrêter la déferlante ?

Vibrer l'air

en se blottissant au creux de la vague

La secouer d'un frisson

la souffler

l'agencer

la danser

On a épousé des déserts

fait pousser des éclairs

escaladé nos misères

pour en recoudre nos chaussettes

Le pas certain

le pas si sûr

la peau hésite ciel sur

sous nos plantes de pieds

T'sais c'est pas pour rien que

nos cœurs portent des accents circonflexes

c'est pour assouplir nos démarches.


**Kev La Raj**

« Est-ce que tu vas là où je vais ? »

Grimper

Les doigts en cloche

Aux gratte-ciels

Se glisser entre les pavés

Comme la pluie

Disparaître

Comme un étron

De chien

Larbin

Sainte ou tapin

Voir son reflet dans des glaces de magasins

Ou des flaques de boue

Où est ma paix ?

Des yeux sous nos paumes dorées

Le silence de leurs morts

La *cum patior*

Masquée

Sous leurs dents

Qui lancent dans leurs micros

Des voix métalliques

Leurs dents

Jaunies

Par l'argent

Les discours renversés — Guerre est paix —

Les indifférents

Qui cachent

Leurs yeux de paons

Sous leurs mains multiples

Les rumeurs

Morts dans la rue

Juste en bas

Le bras en angle droit

Où est la paix ?

Comment peut-elle déranger

La vôtre


**Sabrina Combes**

Minuit moins une et tout va bien

L'horloge semble être endormie

C'est le moment

Lever le pied

Demeurer sourd face aux sirènes

Poser son sac

Et respirer

Équilibré face à la haine

Autour de moi

Les gens s'affolent

Cherchent un toit

Pour se cacher

Je reste là

Sans plus bouger

Les yeux rivés au balancier

Immobile

Minuit moins une, et tout va bien

Je voudrais dire

Mais calmez-vous !

Ne hurlez pas !

C'est inutile

Arrêtez-vous !

Posez vos sacs

Restez tranquilles

Ne bougez plus


Nous sommes dans un monde de verre


L'horloge est là

Comme endormie

On est à deux doigts de minuit


Chut !


Rêvons ensemble…

Pour qu'elle reparte à l'envers


**Sarah Lywandael 'Chamane'**

## Manifeste éco-érotique (fragment)

Faire lien autrement

Qu'en animal blessé sur terre aux abois

Faire l'amour comme un engagement


Dans nos chairs nettoyer les rivières

Dans nos corps réparer le vivant

Caresser les veines de la Terre

La peau de l'eau Les cicatrices des pierres

Toucher de toutes nos pupilles papilles

Narines doigts tympans

Toucher et se laisser toucher

Pour se rappeler la danse

Où rien n'est à saisir ni à posséder


De nos larmes laves et cyprines

Déridons l'avenir aride

De nos salives sèves et encres

Dessinons nos lendemains fertiles

De nos ailes crocs et tentacules

Filons nos métaphores amoureuses

Nous sommes le tissu du monde


**Roxane Lefebvre 'Pénélope Sève'**

## Fendre les murs de nos murmures

Ma mémoire est fendue

je creuse nue dans ma propre gorge

et ma bouche est cousue

il y a vingt pas sur le parquet

et sous les planches

il y a ma voix qui hurle

je marche à peine mais je compte

le nombre de « je » le nombre de « me » le nombre
de « moi »

qui sortent de ta bouche

j'ai repassé ma robe de magistrate

elle est noire

comme la chair brulée de ma jeunesse

paralysée dans ce qui fige

je ne recouds plus la plaie

j'ai la trachée fissurée ;

toi, tu ne regardes pas derrière

tu ne regardes pas autour

tu n'écoutes rien

tu veux le miel

et ne veux que le miel

et le sucre a collé tes paupières

et tu colles

et tu ne vois plus rien

et tu ne veux pas voir

et tu baves

et puis tu joues

et tu agites tes marionnettes

mais l'illusion a disparu

comme la merde dans la cuvette

je perce tes yeux crus qui n'ont pas vu

je n'effleure plus rien

le temps est venu de soulever les dosses

j'abats les murs de nos murmures

continue de parler

je ne t'entends pas

continue de parler aujourd'hui c'est moi qui hurle

ma vie jaillit entre mes dents

continue de parler – je ne t'entends plus

mes oreilles sont sourdes

mes yeux sont ouverts

et mes pupilles aveugleront

le regard ignorant de ta propre ignorance

désormais mes minutes sont des heures intraitables

demain je brûlerai les âges révolus de la danse des
masques

mon feu ensorcelé saignera tes paupières

tu sécheras tes larmes si tu veux

comme tu asséchas ma sœur

et je rirai devant ta peur

le ciel a exaucé mes songes

mon pas quitte le pied rêveur

je deviens maîtresse de l'orage

j'ai vomi mon âme d'enfant sage

et j'ai cessé de croire au ciel

j'abats les écrous du silence

entends-moi

et souviens-toi de mon nom

je te déchire tes croyances

souviens-toi de mon nom répète-le

tourne-le dans ta tête

souviens-toi de mon non

alors, si je dois arrêter de dormir

je vais vers les vivants,

puisque les morts n'ont plus d'audace.


**Caroline de Freitas**

## L'avat'art

J'ai voulu écrire un texte sur mon mal-être, un texte qui laisse transparaître la violence a laquelle j'ai été confronté, car avant de pouvoir l'affronter, la violence ne m'a pas touché mais bel et bien frappé.

J'ai eu mal quitte à me faire saigner, quitter cette vie , c'est pas pour ça que j'ai signé. Un contrat à souffrance indéterminée voilà à quoi je me suis résigné, pourtant moi, j'étais déterminé à naître même si on ne voulait pas.

Dès la naissance j'ai été frappé par le rejet pourtant il ne me connaissait pas.

Alors frappe toi aussi, frappe toi aussi, frappe toi aussi.

Frappe tellement que tu oublieras, tu oublieras que cette vie ne t'a pas choisi, tu ne lui as tout simplement pas laissé le choix.

Pugnace malgré moi, j'ai attrapé la vie par le cordon et je lui ai dit de se souvenir de moi.

Je n'y ai pas été de main morte, crois moi. Depuis on s'est croisés plus d'une fois, jamais au fond du puits tu me trouveras, je suis celui sur lequel personne pariera, rira bien qui rira hein n'est-ce pas ?!

J'ai voulu faire un texte sur mon mal être, mais il m'a quitté , à coup de résilience et de positivité, je l'ai kické . Fier et pas qu'un peu de ma trajectoire, j'ai le sourire quand je suis avec  mon tipeu, je lui raconte comment son papa a quitté le trottoir, et qu'il est ce qui m'est arrivé de mieux.

Fini les traumas maintenant on va de l'avant, j'ai fait mes premiers pas dans la vie, avec mon enfant.


**Eddie Cadiche**

## Sde Teiman

Écris pour les aveugles qui verront

Déclame pour les sourds qui entendront

Voici mes mots

Et mon écho

Ils couvriront la terre

D'un tapis d'espoir lacéré

D'une prairie qui sera jaune

Ou rose de ses brûlures, peut-être...

Comme la pierre qui m'enfante

Jour après jour

A l'aube des agonies

Je marche presque nu

Enlevé de ma maison du lieu

Sur les sables de la Nakba, ensevelie

Ô Palestine, remonte !

Je marche depuis La Prison

La plus grande de ce monde

Un ciel ouvert sur les barbelés

Et les bombes la famine la soif

Une plaie béante sur la carte

De la Nakba...encore

Je marche et je marche

A quatre pattes

Je mange l'herbe et la merde

Je bois la pisse et la poussière

Un « animal-humain », disent-ils !

Je suis un peuple de trop

Et mon sang est rivière

Macabre qui se jette

Dans l'autre lieu de la Nakba, l'enfer.


Hier réfugié aujourd'hui

Condamné à mort, oui

Mon linceul est de sable

Les bras les pieds enchaînés

Une cage de fer, ô barbelés !

Les yeux bandés mes membres amputés

Un peuple en lambeaux...

Qui nomme le ciel de l'injustice

Avez-vous peur d'une mer de sang sans sépulture ?

Ô peintres, me voici, un peuple démembré

Pour matière à peindre !

Je suis une coquille

Je vois encore leurs ombres

Passagères devenues étrangères

Le peuple de la Nakba

Et ses cris...

Remontent m'entourent

Me trouent les oreilles

Le souffle


Et le cœur

Avez-vous un cœur, messieurs les « Revenants » ?


J'attends mon tour

La torture jusqu'à la mort

La folie peut-être, après le trépas

Sde Teiman je suis-là !

Voici mon corps

Un grenadier de 1948

La Nakba est son fronton

Un arbre ancien, d'avant la Noyade

Du jour où l'Eglise fut baptisée, rincée

Dans la langue des Arabes

Que je chante sous le cri

Et même d'avant

Voici mon corps donc, tue

Torture-moi, je vivrais

Même entre tes griffes

Les griffes de l'atroce

Mon écho habitera tes yeux

Tu habiteras la terre dans mon ombre

L'ombre d'un grenadier

Ma renaissance.


**Faris LOUNIS**

**Des graines de sens**

Semer tout bas des graines de sens

Commander un arc-en-ciel saignant

Tenir tête à une table rase

Manger des montgolfières d'air pur

Faire courir des souvenirs d'été dans les bois

S'imaginer un jardin orphelin perdu

Trouver sa place dans un terrain vague esseulé

Déjouer l'instant d'avant à tout âge

Débrider l'ennui aigri sous la langue

Casser la gueule au futur

Casser la tirelire de sourires

Envoûter des serpents avec des regards d'enfant

Fixer la peau douce de l'orange

Débrancher la prise des volcans cupides

Dérégler des heures perdues au compte-goutte

Se plier à des jeux d'enfants à l'envi

Regarder les étoiles dans un visage

Atteindre le blanc apaisant de nos songes

S'embrumer dans une couche de silence

Sortir du désert fade de la rage de la nuit

Laisser en l'état l'orage trop gris

Sentir le marron de la terre fraîche

S'enliser dans une dune

Abattre les frontières de nos peurs

Accélérer la vitesse de propagation de l'amour infini

Embraser le monde de bonté de générosité
l'embraser de désirs à la folie


Embrasser son proche embrasser son amour propre

C'est épouser les prémices de son propre envol

C'est s'étonner de l'envol des moineaux qui cui-cui-
cui à sa fenêtre


Poser et reposer sa pâte à modeler de mots,


Sentir l'odeur du gâteau qui cuit cuit cuit qui nous
laisse sans mot


Et laisser pousser des graines de sens


**Salma Bouafif 'Slama'**

**Oracles**

Pause

Imagine un monde où les cœurs pourraient parler,

où les sentiments pourraient se faire entendre, sans
honte.

Qui détient les codes du fameux langage universel□ ?


Où se cache ce monde où l'amour serait fertile et la
haine sous vide□ ?

Permettez-moi de rejoindre les fontaines de tous les
horizons pour y faire un vœu.

Avec l'espoir qu'il se réalise, qu'il se concrétise.


Ô beau monde (re)naissant.

Puisses-tu déverser, à outrance,

les plus belles de tes promesses

sur notre inconscience.


L'amertume ne cesse d'esquisser mon portrait le plus
maussade.

Mais, une parade de nuage précède toujours un soleil

en fanfare…

Alors, j'ose croire aux bons présages.

Je crois à la floraison de nouveaux jours aux couleurs
estivales.

Bien que, pour l'heure, à défaut de trouver mon
envol le plus salutaire — telle une âme quelque peu

esseulée, essoufflée de s'épanouir — je cherche
inopinément à cueillir, réparer, sublimer des bouts

de moi-même égarés dans un milieu hostile.


Puisque depuis l'enfance, je ressens un décalage, j'ai
cette sensation d'être à côté.

Hors des autres, hors des cases.

Puisque depuis l'enfance, j'avance à contretemps, à
contre-courant.

Rêveuse d'un ailleurs, d'un futur où le présent
arborerait des atours meilleurs.


Dans mon monde à moi,

l'oxygène n'est pas un luxe.

Vivre libre, non plus.

Les femmes respirent à pleins poumon.

Dans mon monde à moi,

la justice n'a pas de prix

ni d'étiquette corrompue.

Le peuple est entendu.


La route n'est pas simple, mais elle est possible tant
que mon cœur bat encore,

tant que la Terre fait preuve de clémence.

Et ce, malgré les averses, les tourments,

les doutes, l'eau sous mes paupières.


Je m'attelle à bonifier mon destin un peu plus chaque
jour.

Car on m'a souvent dit de m'en remettre aux espoirs
célestes

sans me préciser que j'avais en mon sein, à mon
échelle, entre mes mains,

des cartes à jouer.


Regardez autour de vous…

L'erreur est humaine, dit-on souvent,

mais peut-être est-elle aussi stellaire…

Et si Dieu attendait de nous qu'on lance nos propres dés ?

**Mosayis**

## LibrEs

Je m'appelle Mélodie.

C'est joli.

Enchanteur. Enjôleur.

Doux comme un champ de fleurs.

Heureuse. Amoureuse.

Mé.lo.die, c'est très féminin.

Féminin ?

Qu'est-ce que ça veut dire ? Être femme ?

Petite,

c'était avoir les cheveux longs comme ma sœur.

Porter des talons Haut-les-cœurs.

Le sourire de Julia Roberts.

Yeux 220 volts et 50 hertz.

La sensualité de Demi Moore.

Son fantôme de mari.

Ses mains pleines de glaise dans son atelier de poterie.

Pas de chance. J'avais la coupe au bol « Mireille Mathieu » sans espoir de retour.

Je découpais les pieds des Barbies.

Super grandes. Super belles. Super superficielles.

Je voulais être Catwoman. Cat's Eyes.

Catapulter les bandits en justaucorps noir.

Je voulais le pouvoir.

Être justicière en liberté.

Avoir une Batcave. Une Batmobile. Un Batarang.

Casser des gueules. Bang ! Bang !

Dégainer. Rengainer.

Re-dégainer. Re-rengainer.

Acérer mes baskets. Virer les paillettes.

Genoux taillés. Cœur aiguisé.

Filer la nuit sur les toits.

Être libre sans foi ni loi.

Résultat : j'ai fait de la gymnastique.

Avec un justaucorps !

Si échancré, que je passais mon temps à ne pas essayer de le réajuster.

« On ne se touche pas les fesses quand on est une petite fille bien élevée. »

Être femme ?

Avec ma sœur aux cheveux longs,

on scotchait en cachette

devant le catch en clair de Canal +.

Crissement de la porte d'entrée.

Terminus.

Cavalcade dans le salon.

La télé était encore brûlante

et moi, chancelante.

Hercule. Triple H. King Kong Bundy.

C'est badass.

Ça kick des ass !

J'avais trouvé ! J'allais me créer un pseudo.

Un truc de super-héros.

Mô.

M.ô

Claque qui éclabousse.

Torpille secousse.

Réjection.

Boulet de canon.

Coup de gueule.

Clash de battle.

Mô.

Réveiller les femmes du monde entier.

Contre les objections, lutter.

Pas le droit de contester.

Protester. Nier. Se rebeller.

Entre dans le rang. Ferme ta bouche.

Sois discrète. Sainte nitouche.

Disperse-toi. Ne disjoncte pas.

Pas de dispute. Disparais. Barre-toi de là.

Les petites filles sautent à la corde.

Disent : « Oui. Merci. S'il vous plaît. »

Les petites filles ne donnent pas d'ordre.

Point. Fermez les guillemets.

Va dans ton coin, petite.

Va dans ton coin et vite.

Mô.

Suprême avatar.

Blase superstar.

Ma cape de Wonder Woman.

Mon Graal.

Les 7 boules de cristal.

Le fil d'Ariane.

La DeLorean.

Le SacSacàdos de Dora.

La baguette de Voldemort.

Mon Précieux.

Le ticket d'or.

Être femme.

Aller simple pour la liberté.

Baskets acérées. Genoux taillés. Cœur aiguisé.

Voyage sans espoir de retour.

Le premier jour du reste de ma vie.

Vivre.

Être.

Libre.

Le premier jour du reste de ma vie

Vivre.

Être.

Femme.


**Mô**

Extrait du recueil LibrEs ! Éditions Porte 7 –
Collection Paroles Électriques

# Table des matières

**Contact éditeur :**
**direction@lessouffeursdevers.fr**

La maison d'édition Les souffleurs de vers est une structure associative qui œuvre pour la diffusion de l'art poétique à travers l'édition de livres et les activités de la Maison des Poésies du Centre.

Vous pouvez nous soutenir en faisant un don et/ou en adhérant à notre association.

Pour cela vous pouvez consulter notre site internet www.lessouffeursdevers.fr

Les souffleurs de vers
Editions